Marius Hoffmann

AF286196

Marius Hoffmann

Honigfalle

Gedichte

FSC
www.fsc.org
MIX
Papier aus ver-
antwortungsvollen
Quellen
Paper from
responsible sources
FSC® C105338

© 2004, zweite Auflage 2015
Alle Rechte liegen beim Autor
Umschlag: Paul Cézanne (1839-1906) - La Montagne Sainte-Victoire,
(1900/02), Öl auf Leinwand (Ausschnitt)
Herstellung und Verlag: BoD - Books on Demand, Norderstedt
Printed in Germany
ISBN 978-3-8334-1260-8

Honigfalle

„Schweigen ist die Versuchung des Dämons, und je mehr verschwiegen wird, desto fürchterlicher wird der Dämon; aber Schweigen ist auch die göttliche Mitwisserschaft mit dem Einzelnen."

(S. Kierkegaard)

Für B.

Späte Momente

NICHT BETRETEN

Tau

Findet
Das Moos

Im tiefen
Schatten

Ganz anders

JASMIN

Blüten
Die nicht

Bis in die

Wirklichkeit
Reichen

<u>O R C H I D E E N</u>

Orchideen
Sind einsam

Sie blüh'n ins
Unwahrscheinliche

VERTRÄUMT

Gebilde aus
Weißzarten Blüten

Bis der
Werkstoff

Sich
Ändert

VERGISSMEINNICHT

Ans tiefe
Blau

Verliert dich
Der Tau

So trauriger
Blüten

SCHATTEN DER WEIDEN

Er sickert
Ins Land

So weit

Stets auf der dir
Abgewandten Seite

DAHLIEN

Im Wiesenschnitt
Fallen sie so

Anders weit
Aus der Balance

BLUMEN IM HERBST

Es kümmert
Sie nicht

Im gelieh'nen Gewand
Etwas dreist im Ton

Rotgelb blau
Ohne Versprechen

Gern seh'
Ich sie an

F R Ü C H T E

Seitlicherer
Gang

Am Boden
Kaum Stapfen

Überwachsen
Vielleicht

Früchte
Die allein

Es schon
Wert sind

<u>EISBERG</u>

Wie
Dumm

Dort
Auf

Sommer
Zu warten

T A U W E T T E R

Die
Scholle

Findet
Ins Warme

Wenn
Zeit

Genug
Bleibt

H O C H W A S S E R

Es kommt darauf an
Wo man wohnt

Um den Fluss
Zu studieren

Ohne auf Hoch-
wasser zu warten

IM DELTA

Im Delta sind

Sümpfe und
Strandseen

Wie im rich-
tigen Leben

Nachbarn

WELLENGANG

Du
Schlenderst

Bis zu den Knien
Im Wasser

Am Ufer
Und wirst

Unmittelbar
So ganz

Anders
Gewärtig

F L A S C H E N P O S T

Obenauf

Bis ganz
Ans Ufer

Wellen
Kommen

An dort

IM NEBEL

Die Angst
Der Schiffer

Hörst du
Im Nebel

        Für J.

ZUR SEE FAHREN

Im schlechthin
Unkontrollierbaren

Eine leicht
Vermessene Sache

Dabei
Haben wir's

Auch in
Den Augen

TROPFSTEINHÖHLEN

Die deinen
Findest du dort

Wo Tränen sich
Nicht weinen können

IM SAND

Tropfen

Hören
Ihr Echo

Im Sand

Nur
In Überzahl

FAST LUSTIG

Wühlmaus

In
Gewand

Und
Gebärde

Des Berglöwen

B I S O N H E R D E

Niemand
Verfehlt

Eine
Bisonherde

Auf
Der Prärie

GAZELLENSPRUNG

Artverwandt
Ist es leicht

Ihr
Zu folgen

HASE UND IGEL

Fast möcht' ich's
Mit dem Verlierer halten

Der aufregendere
Part

BERGGEMSE

Ihr Sprung scheint
So leicht im

Entzerrt erlebten
Bezug

W U N S C H

Im
Unterholz

Bist du
Sicher

Wenn
Du

Dort
Wohnst

WASSERLÄUFER

Er kommt aus
Ohne Tiefe

Und
Schaut

Mit Schrägkopf
Ins Schiefe

NICHT UMGEKEHRT

Nah
Am Licht

Bekommt
Die Motte

Was
Sie will

HONIGFALLE

Wie
Geschickt

Muss
Man sein

Um
Sich dort

Nicht
Gern

Zu
Verlieren

FLIEGENFÄNGER

Keiner
Weiß

Ob die Fliege
Am Fänger

Weg
Wollte

<u>S C H W A L B E N</u>

Eine
Flog wie

Ein Adler
Und war

Nie mehr
Gesehen

STEILHANG

Möwen
Suchen Abgründe

Nisten
Am Steilhang

Sind
Sicher dort

BIZARR

Ein Elsternpaar
Streicht über den Hang

Bizarr
Sein Schwarzweiß

Neben dem
Blaugrün der Reben

ECHOS

Vögel lauschen
Im Flug

Und folgen
Den Echos

Nie ins
Vergangene

ROTKÄPPCHEN

Blumen bleiben
Nur Blumen

Ohne Bezug
Zum Wolf

IN DER HAND

Mit der blauen
Blume in der Hand

Tanzt auf dem
Hochseil es sich

Wesentlich
Anders

KARUSSELL

Seiltänzer

Müssen
Sich dort

Verschaukelt
Vorkommen

N I C H T V E R L A N G E N

Im Abgrund
Wohnt Wahrheit

Bei manchen hilft
Ein Nichtverlangen

KLIPPENSPRINGER

Es
Ist absurd

Ihm
Von unten

Zuzusehen

A B G R U N D

Du
Fällst

Wenn
Er dir

Leicht
Wird

VERSCHIEDEN

Schritte
Am Grat

Nichts wär' schwer
Beim Fallen

Wüsten
Sprechen

Eine andere
Sprache

FALLWIND

Am Fuß des
Regenbogens

Gaukeln
Sie

Die Hundertschaften
Entzauberter Faune

ECHO DES REGENBOGENS

Hast du
Einen

Weg
Gefunden

Hier so
Zu sparen

Dass man's
Nicht merkt

TROPFEN

Am liebsten
Mag ich solche

Die für den
Regenbogen reichen

ZUFLUCHT

Im
Regenbogen

Und
Nebel

Bleiben
Tränen

Meist
Unerkannt

OHNE HALT

Ein Tautropfen
Zerfließt wenn

Sein Raum
Verletzt wird

IM LABYRINTH

Im
Labyrinth

Geh'n
Die Uhren

Anders
Im Kreis

PASSATWIND

Vergiss den
Passatwind

Wenn du
Nicht rechnest

LATERNENANZÜNDER

Für ihn
Ist genug

Der Nacht
Nur zu leuchten

LATERNENANZÜNDER

Wie weit seh'n
Wir in der Nacht

Unter dem Schein
Der das Trügerische

Nimmt und den
Glauben uns lässt

Weil sie weiß dass
Wir ihn brauchen

LATERNENANZÜNDER

Rüh-
rend aus
Der Perspek-
tive der Vö-
gel

PREISSCHILDER

Eine Frage
Der Zeit

Bis du
Merkst

Dass die
Preisschilder

Falsch
Sind

P R E I S

Ist der
Zu hoch

Den du
Nicht

Zahlen
Kannst

L O H N

Ist der
Zu hoch

Den du
Nicht

Zahlen
Kannst

ENTSCHEIDUNG

Wenn du
Nicht weißt

Was du
Willst

Spürst
Du's

Im
Entzug

G R A T

Verantwortlichkeit
Beginnt sich zu
Verlieren

Am Grat zwischen
Erlauben und
Zulassen

ANDERS

So schnell
Verliert Banales

Im Selbst
Seinen Rang

MELANCHOLIE

Es ist dieser Abstand
Der Zeit zu sich selbst

Aus Sicht des erfahren
Widerlegbaren Anscheins

Eine Frage der
Blende

BAUSATZ

Die Reeperbahn gibt's
Nicht als Bausatz

BEFREMDLICH

Weil sie ja selbst dem
Anschein nach befremdlich
Sind in der Welt

Spüren Kinder erst spät
Den so seltsamen Zwang
Ihres nahen Verlusts

UNWITTERN

Leichtsinn
Spürst du

Nicht im Glück
Der Umstände

B E S S E R

Such den
Moment

In dem
Das Glück

Dir am
Wenigsten

Weit
Entfernt ist

AN DER ECKE

Wie
Seltsam

Einem Glück
Zu begegnen

Das nicht
An dir liegt

SCHNECKENHAUS

Vergiss nicht

Falls es
Zerbricht

Der Sonne

Aus dem
Weg zu gehen

SCHIEFER WINKEL

Figuren verlieren
Die Fäden

Und kommen
Näher

Ohne dich
Anzusehen

ZWISCHENAKTGETÖSE

Nicht vor
Dem Vorhang

Nicht
Dort

Wo es
Uns angeht

KULISSENSCHIEBER

So stellst
Du auf

Nicht
Dar

Bist
Nicht

A N D E R S

Allein durchs
Hinschau'n

Wird das
Beobachtete

Schon
Anders

SPUKHAFT GESCHIEDEN

Postkartenidyll

Neben dem
Dumpfen Ernst

Oder stumpfen
Unernst

In den Gesichtern

VERFALLENE TÜREN

Du
Langst

Du
Gehst

Einfach
Durch

Doch
Selbst

Kannst
Du sie

Nicht
Bewegen

KORSAREN

Wird
Fassbar

Was man
Versteht

Korsaren
Halten sich

An eigene
Regeln

SAMURAI

Mit dem Stift
Als Schwert

Wirst du
Verbluten

BLÜTEN

Worte
Die nicht

Bis in die

Wirklichkeit
Reichen

WALDBRAND

Gedichte
Wie Waldbrand

Sie fangen
Nur Hitze

Und oft auch
Nicht die

K U N S T

Lösung und
Ausgleich

Stehen nicht
Auf dem Plan

Brücken
Sind anders

KUNST

Hier
Stehst du

Wie
Auf Polen

Dazwischen
Liegt

Definiert
Eröffnete

Distanz

K U N S T

Widersprüche
Sind

Aufgezeigt
Oder nicht

Da
Oder nicht

Kunst
Legt

Hand an
Die Wunden

I R O N I E

Bekleidetes
Wandern

Unter nackten
Gedanken

IRONIE

Die
Perspek-
tiven in ihren
Wiederholt unver-
einbaren Schlei-
fen aufzie-
hen

I R O N I E

Ironie lebt
Aus erfahrener Nähe

Die sich noch
Scharf im Visier

In einen Ersatz
Veräußert hat

IRONIE

Momente

Verwundetes
Unverwundbar

Sagen mögen

GEDANKENSPLITTER

Lot

In die
Distanz

Eines
Schritts

GEDANKEN

Provisorien

Die nicht über
Den Rand blicken

Den sie sich
Schaffen

GLÜCK DES DENKENS

Auf dem Terrain
Identischen Empfindens

Oder es führt
Zu solchem

NOTEN

Tränen
Mit Segel

FREDERICK DELIUS

Gefühl
Erfüllter Sehnsucht
Die sich noch
Weiß

ANFÄNGE

Nahe der
Unschuld

Also der
Leichtigkeit

Die Vertrauen
Leicht macht

IN TRÄUMEN

Du kannst nie

So schön
Sie auch sind

Geliebt werden
In Träumen

Z U V O R

Ausrichten

In die
Position

Des
Sternguckers

NICHT BETRETEN

Dein
Tau

Findet
Das Moos

Im tiefen
Schatten

Ganz
Anders

F L I E D E R

In blauen
In wieder

So blauen
Tränen

So tauende
Sätze

Aus
Fluchten

Fliedernder
Augen

F L I E D E R

Vergiss den Flieder
Und seinen Duft

Und vergiss
Dass du ihn

Vergessen
Wolltest

Wenn du
Etwas liebst

Das dir
Antwortet

<u>N A C H T</u>

Zur Nacht
Wirst du
Anders

Stille im
Gras

Und Blüten
Spüren ob

Tränen
Es sind die
Sie netzen

NACHT

Sie bringt dich
Ans Licht

Bewusster
Als der Tag

Der die
Schwalben hat

Denen du
Auskommst

N A C K T

Sprichst
Du es aus

Ohne dass
Worte
Erröten

Du weißt ja
Sie böten
Gelegenheit

Dich nackt
Zu umarmen

SONNENTAU

Schatten

Im Lächeln

Der

Trifft er

Auf mich

In dich gesogen wird

Und mich erschreckt

Wenn du

Es merkst

Jedes Mal

Denn es ist nicht

Zu gewöhnen

U N B E F L E C K T

Weißt du wie
Dir geschieht

Stehst vor
Dem Spiegel

Und schaust
Auf den Bauch

FALSCHER SPIEGEL

Wie nackt stehst
Du da wenn

Du merkst
Dass du

Siehst was
Du sagst

UNERWIDERT

Der Blick
Ohne Echo

Trifft dich
Im Spiegel

<u>V E R L O R E N E   L A N D S C H A F T</u>

Sicht auf
Hügel

Wird
Echo

Wenn
Blicke es

So spät
Merken

S T I C H

Mein
Herz

Sticht dein
As im Ärmel

Ganz
Anders

A N G E Z O G E N

In der
Du bist

Und die
Doch nicht

Da
Ist

A U S G E Z O G E N

In der
Du bist

Und die
Doch nicht

Da
Ist

P A T E N T

War
Dein Kuss

Kein
Kuss mehr

Als ich
Erfuhr

Dass
Nicht du

Ihn so
Nanntest

HERZWAND

Die blutige
Hand

Hält
Sie

Nicht
Wirklich

LÄCHELN DER STATUE

Selbst wenn
Sie es tut

Es kommt
Schon vor

Ist es nicht
Zu gewöhnen

T A B U

Ein Bann
Gefährdeter Be-
reiche des dort nur
Schlafend nicht
Ungeheue-
ren

DEIN SCHATTEN

Es
Ist nie

Dein
Schatten

Der
Wegläuft

VERWANDT

Kennst du
Das Gefühl

Dass der Boden
Stets weint

Auf dem
Du stehst

B E S S E R

Ist es
Besser

Zu
Wissen

Wenn dich
Verletzt

Was mich
Rettet

VERHÄLTNIS

Wenn
Deine Liebe

Einen
Boden braucht

Um fruchtbar
Zu sein

Wirst du
Dich nicht

In ihr
Halten

K U M M E R

Wieder-
holung in ei-
ner im Konkre-
ten eingebro-
chenen
Art

E R N S T

Wie ernst
Wird Gefahr

Von der du
Nur meinst

Dass sie
Da ist

I R R L I C H T

Du wirst
Verlieren

Wenn du
Wartest

Bis in dir
Etwas wieder

Gestorben
Ist

VERLORENER BLICK

Den
Der sagt

Dass er
Dich liebt

Und du
Musst

Kämpfen
Um ihn

Hast
Du verloren

ZU SPÄT

Den kannst du
Nicht fangen

Der dich
Fallen lässt

AM SCHLIMMSTEN

Den geliebten
Menschen verlieren

Und selbst daran
Schuld sein

Das eine
Kann heilen

GRUND

Nicht mehr tun zu kön-
nen was man so liebt

Ist vielleicht ein Grund
Den Tod doch zu fürchten

VERTIGO

Gebrochen
Im Hain

Erinnert
Sein Duft

Den der
Vergisst

BLICK DER ROSE

Wenn du sie
Schneidest

Dann
Blutet sie nach

Ganz ohne
Schatten

Im eingedunkelt
Fremden

Ja jetzt noch
Fremderen Umfeld

ABSCHIED

Der schwerste Abschied
Ist der des Lächelns
Von den Tränen

Wenn dann die
Rosen zu nah sind

W E H R L O S

Was
Gewinnt
Man

Nicht mal
Position

Ein Satz
Gar nicht
Zu denken

Niemand
Greift an

LEMMA

Die Liebe hört doch nicht
Auf wenn du weggehst

Warum muss
Ich das sagen

SCHATTEN

Bekommt meine
Sehnsucht Gesicht

Wirft ihr Licht so
Tief deine Schatten

FRAGE

Lässt sich
Der Grund

Mit ihm
Bekämpfen

Wenn er
Bald fern ist

NICHT DAS GEFÜHL

Du vergisst
Den Grund

Wenn das
Vergessen

Vergisst dich
Zu erinnern

U M T R I E B

Erinnerungen
Lassen sich

Nicht mit dem
Lasso fangen

T A B U

Verletzte
Vögel

Sieht man
Nicht

EWIG

Wie so ewig
Ist Schmerz

Solange
Er dauert

DORNRÖSCHEN

Ich lass' dir
Den Schlüssel für
Mein Herz

Kein and'rer
Kann dann Unfug
Damit treiben

VERWÜNSCHT

Dir bleibt
Der Tau

Wenn die Bächlein
Verwünscht sind

BEGEGNUNG

Im
Wandern

Wenn du zu dir
Nicht mehr findest

Wirst du
Dich treffen

BLICK

Ein stilles
Gefühl das Heraus-
getretene anzuschauen
Wenn das zu Sagende
Du dir nicht mehr
Schuldest

ERINNERUNG

Sie war nie
So wie du
Sie hast

SELTEN

Es ist absurd nicht mehr
An Wunder zu glauben

Nur weil sie so
Selten geschehen

F R A G E

Offenbleiben
Wird die Frage

Wie um
Himmels willen

Eine Rose
Sich behauptet

                           Für J.

FRÜHLING

Er weht über
Die Wunden

Wenn er
Sie findet

Inhalt

Weitere Gedichte:

Sonnenuntergang auf blondem Hügel
144 Seiten
ISBN 978-3-89811-044-0
Hardcover ISBN 978-3-7357-7565-8

‚Von Bergen fließen Wasser
Weit über die Ufer
Mit dir hinein in ein
So blaues Umarmen'

Zurück ins Land der Pfirsichblüte
140 Seiten
ISBN 978-3-89811-602-2
Hardcover ISBN 978-3-7357-7749-2

‚Jeder Blick, der auf dir weilte,
Strich wie Lächeln durch dein Haar,
Und als ihr Herz dir fühlbar war,
Dann hört es sich das Eine sagen,
Und fängt an, dich heimzutragen.'

Im Blau der Saphire
152 Seiten
ISBN 978-3-8311-2040-6
Hardcover ISBN 978-3-7357-7459-0

‚Weil Du längst weißt
Dass sie einäugig ist

Lässt Du der Schlange
Den Vorteil der Nacht

Im blutwarmen
Wasser'

Honigfalle
156 Seiten
ISBN 978-3-8334-1260-8
Hardcover ISBN 978-3-7357-7534-4

‚Keiner
Weiß

Ob die Fliege
Am Fänger

Weg
Wollte'

Schmetterlingseffekt
160 Seiten
ISBN 978-3-8334-3109-8
Hardcover ISBN 978-3-7357-7535-1

‚Solltest
Du auf

Schmetterlinge
Hören die

Versehrt
Sind'

Lotgänge
176 Seiten
ISBN 978-3-8334-4677-1
Hardcover ISBN 978-3-7357-7543-6

‚Es
Ist vertan die
Ameisen nach dem
Verdienst zu
Fragen'

Blaualgenblüte
200 Seiten
ISBN 978-3-8334-9242-6
Hardcover ISBN 978-3-7357-7741-6

‚Im
Schimmer
Der Blaualgenblüte
Fallen die Schatten der
Weiden nicht tief ins
Verwunschene
Wasser'

Deichspiele
204 Seiten
ISBN 978-3-8370-0126-6
Hardcover ISBN 978-3-7357-7743-0

‚Wie weit
Kannst du den
Wasserrosen
Folgen'

Der Sprung der Delphine
244 Seiten
ISBN 978-3-8370-9707-8
Hardcover ISBN 978-3-7357-7465-1

‚Noch im Vergessen
Ihn vergessen zu haben
Fehlt dir der Schlüssel
Zu ihrem Geheimnis'

Im Echo der Finken
268 Seiten
ISBN 978-3-8423-5852-2
Hardcover ISBN 978-3-7357-6313-6

‚Glaubst du
Dass es die Liebenden
Nicht sähen falls man sich
Mt ihnen keine Mühe
Mehr gäbe'

Wasserläufer
416 Seiten
ISBN 978-3-8482-0495-3
Hardcover ISBN 978-3-7357-6238-2

‚Bambus
Folgt ihm noch
Schwanger gegen den
Rat sich windstill
Zu lieben'

Das Glück des Orangenmädchens
484 Seiten
ISBN 978-3-7357-4191-2
Hardcover ISBN 978-3-7357-6170-5

‚Selbst
Wenn es
Dich bittet
Wirst du
Es tun'

Kompositionen für Klavier:

Klaviermusik Vol. 1, CD
SKW-86211 (51:29)

(Marius Hoffmann:

1. Clair de lune
2. Nocturne
3. Albumblatt
4. Image
5. Étude-Tableau
6. Wiegenlied
7. Poème
8. Poème
9. Angela
10. Prélude d-moll
11. Vision
12. Nachtstück
13. Poem in fis
14. Poème extatique
15. Poem in e
16. Poème-Nocturne)

Klaviermusik Vol. 2, CD
SKW-86212 (58:02)

(Marius Hoffmann:

1. Dreamings
2. Romanze
3. Poème voilé
4. Poème enchanté
5. Méditation sur le nom de Bach
6. Kaleidoskop
7. Hommage à Scriabine
8. Poème fantasque
9. Valse
10. Poème énigmatique
11. Poème
12. Poème rêvé
13. Poème envolé

14. Enigma
15. Vision noctuelle
16. Boîte à musique
17. Lutin
18. Moustique)

Klaviermusik Vol. 3, CD
SKW-86259 (52:05)

(Alexander Skrjabin: ‚Moments intimes'

1. Poème, op. 32,1
2. Étude, op. 42,4
3. Fragilité, op. 51,1
4. Étude, op. 65,2
5. Poème, op. 69,1
6. Poème, op. 52,1
7. Rêverie, op. 49,3
8. Désir, op. 57,1
9. Poème, op. 59,1
10. Poème fantasque, op. 45,2
11. Caresse dansée, op. 57,2
12. Poème languide, op. 52,3
13. Prélude, op. 48,2
14. Feuillet d'Album, op. 45,1

Marius Hoffmann:

15. Poème mélancolique
16. Étude-Caprice
17. Danse grotesque
18. Impromptu
19. Conte)

Email: Marius.Hoffmann@gmx.de